Brimandi Mesange Cargel Mapela

L'ANTAGONISME

Brimandi Mesange Cargel Mapela

L'ANTAGONISME

Monde opposé

Éditions Muse

Imprint

Cover image: www.ingimage.com

Publisher:
Éditions Muse
is a trademark of
Dodo Books Indian Ocean Ltd. and OmniScriptum S.R.L publishing group

120 High Road, East Finchley, London, N2 9ED, United Kingdom
Str. Armeneasca 28/1, office 1, Chisinau MD-2012, Republic of Moldova, Europe
Printed at: see last page
ISBN: 978-620-4-96509-3

PIÈCE DE THÉÂTRE

L'ANTAGONISME

Mapela
Brimandi Mesange Cargel

A propos

L'antagonisme est une œuvre dramatique qui dévoile les opposés vitaux de la vie courante. Où s'enchaine la mort dérive la vie, où chante l'amour s'occulte la haine, où il y'a bien un passé se pense des ultérieurs incultes. A ce demi-ciel, d'autres horizons se font soleil pour chacun en éclairage du contenu.

Mapela Brimandi Mesange Cargel

Etudiant en Licence

Personnages

Trafot

Bauvine

Durgois

Mertallin

Ulno

Torré

Embreta

Lodo

Eurtis

Veredie

Acte 1, scène 1

Scène 1

Bauvine : L'existence devrait songer quelque part peut-être à côté de l'un ou de l'autre que ces grandeurs suivant la morale puissent agir en équilibre , d'une seconde pour l'un et de l'autre seconde pour l'autre avec amour.

Trafot: Quelle belle ironie assez fabuleuse ma chère, mais celle-ci devrait être conté à un amnésique que même l'inertie réflexive a embrasé, du moins tu n'apprendras pas assez de ses réactions.

Bauvine: Tendre trafot imaginons la haine et l'amour en liaison avec amour.

Trafot: Y’aura surdosage, que de l'amour qui débordera avec amour du désordre.

Mertallin: Au tant pour la haine mes chers.

Trafot: Concernant les âmes de la douleur

Ceci serait un mélange froid.

Ulno: Je pense que ce ne sont pas les males dominants qui rendent avec envergure ce mélange ainsi.

Trafot: Les males dominants sont souvent tous chauds, c'est pour cela qu'ils dominent ; Tel est ce mélange du moins de l’eau, la plus fraiche des sources, juste un verre de tiède la rendra paisible.

Scène 2

Bauvine: Ruminante peut-être cette tiède, cœur dominant est acteur de la haine.

Ulno: O chère tendre Bauvine, j'assume ce fardeau, cet acte incitant la haine au féminin car nous, femmes avec nos faits connus des fois nous épatons le diable.

Mertallin: J'adore cette réalité de femme plate, est-ce déguisé ton innocence ou ton joli crane est hypnotisé?

Ulno: Je ne me fonds qu'à moitié parfaite et Bien cuite.

Mertallin: J’en suce avec un bon gout si ma tendre cousine est une raison, avec votre charme vous êtes raisonnable.

Scène 3

Durgois:

Malheur à l'amour
Bonheur à la mort
Regret pour la haine

Vertu de sans peine

Pleurs et finis en ton coin
Par amour et tes larmes prenant soin
De tes silences maux
Décrivant ta solitude à sans mot

Figes toi dans ta plastique
Brule-toi sur seul acte tragique
De ta pièce à larmes de mille rancunes
Après les affectionnées d'aucunes

Pensées pour l'autre
Du peu peut-être se tenant sans outre
Les âmes de près dans les instincts
D'aimer et d'haire qui ne sont distincts.

Trafot: Beau, l'Art au palois, ma chère tendresse, aimer qui fut loin à une haine qui sera proche plus tard quand chacun écrit d’en futur à l'Oral.

Bauvine: Et à quoi base serait l'hymne de ces écrits oraux?

Trafot: Les larmes forgées par haine à force de l'amour !

Bauvine: Donc par ton amour d'hier d'orage naufragé tu me porteras haine à l'horizon ?

Durgois: Bien penser en fait pour certain ne sera pas à un hier d'amour, ni à un futur de haine mais plutôt à ce présent neutre.

Scène 4

Mertallin: Au faux juge que je suis d'entre amour et haine , meurtrier peut être ou héro des vies , que le serment de ma justice propre m'en soit témoin que je suis pour coté amour , de là j'ai la plus paisible de paix qu'un bourgeois de sans sueur peut songer avoir de ses malheureux sommeils de durée d'argent , de ronflements sonnants telles les pièces d'or du village qui leurs ont été destinées , au tant ses gendres souvent de cerveau espace par beau éclairage du soleil , par amour j'aimerai en finir nantis pour que mes derniers n'aient point une maladie d'arrogance.

Scène 5

Ulno: Me voilà remplie de haine, je cherche l'amour pour bannir ceci de ma haine qui souffre, un invisible amoureux pour qu'il me donne l'espoir d'aimer.

Durgois: Moi je suis submerger en amour en quête d'haine, car j'ai tant donné mais en la réception tout fut de singe.
Ulno: Poilu heureux cher monsieur, je ne suis que de passage sous cet hôtel d'arbre, alors sois sage et heureux tu trouveras une

chouette de tes journées.

Durgois: Toutes les chouettes furent raisonnables mais à la vôtre ma chère en est aussi douce que je me demande, es-tu celle-là posée sur une grotte ou milieu de l'océan ? Car tes verbes d'instinct d'haine me figent à profil bas de l'amour.

Scène 6

Durgois:
Bien ou mal d’aimer, en fait avec ces cheveux qui s'amusent à la recherche de la mélancolie de sans bohême du fond de mon sommeil, d'où mon alarme a failli sonner pour bercer la solitude de ses belles caresse de sans charnelles.
Ce bas est intéressant, les désirs de chacun sont quelque part, vu que le bien ne peut sans le mal, le soleil avec la lune, la gauche

avec la droite, le racisme non loin de l'humanitaire .Comme il est fou ce monde la tendre merveille bannissant la haine pour l'amour qu'elle
Espères-en autant pour moi, enfin vu que les opposés s’attirent, j'y réfléchis dans mon sommeil.

Scène 7

Trafot: L'antagonisme de la vie, véritable à l'équilibre telle une femme à œil du péché, il y a la vie du moins.

Bauvine: Tel l'homme au choix de l'esclavagisme à la vôtre mon cher.

Trafot: L'homme est un esclave, l'homme est un esclave c'est par amour.

Bauvine: Ah c'est plutôt par l'obligation de la

vie.

Trafot: La vie n'est rien sans l'amour qu'elle nous donne!

Bauvine: Ah mon cher monsieur, tu te laisses laisser dans mes bras nus, en pensant assez à la vie dont le dehors est en terreur d'une haine.
Trafot: La haine n'est qu'une peur d'aimer et l’amour, c'est cet aveugle soumit au guide d'un œil qui chante plus souvent en deux.

Bauvine: Toi t'as trop de bille dans la tête!

Trafot: Non ma chère tendresse de lune, j'ai juste assez d'amour qui déborde en ne m'illusionnant plus d'où c'est toi la coupable.

Bauvine: Coupable?
Non j'ai juste volé tes nuits, cher monsieur

tout au fond de ton sommeil en éclairant par intolérance tes jours.

Scène 8

Bauvine: Fauché de visage aussi heureux tel un diable que le christ implore!

Durgois: Ma raison se perd et je perds patience pour un seul et unique but.

Bauvine: Jai tête assez au ciel, pieds bras sois bref en ton inertie mon cher voisin.

Durgois: Mon pauvre cœur n'a plus de control!

Bauvine: Fais de ton cœur ton seul maitre et sois le maitre de ton cœur !

Trafot: Et l'amour vous ferez la loi.

Scène 9

Mertallin: Frustré des fois par les premières apparences , de la mode , tenant à cœur tout dans l'esthétique sans retenir le plus important à forger dans chaque pierre terre présente de sans beauté intérieure , qu'à cette extériorité mielleuse à comportement de guêpe ; Que les âmes me prêtent l'oreille unissons-nous pour une bonne cause pas de franc , ou de bouche car c'est pas le fait que si une femme est laide , qu'elle n'a que le droit d'épouser Dieu.

Scène 10

Torré: De mon grand que j'eus au mensonge jeunesse !

Trafot: Dis donc as-tu grandi d'un seul bras mon cher voisin?

Mertallin: Les hommes voici des bœufs qui

s'envolent conscientisez les instincts de vos tabliers !

Trafot: Je m'en souviens à la bise qui mord.

Mertallin: Ironie vouée, de cette malédiction aucun homme ne pensera à ses cicatrices.

Trafot:

Cette bise m'a bien mordu
En sa tendresse tordue
Des lèvres fraichement fraiches
En ses températures de pêche

Cette bise m'a rougie
La joue par sa goutte bougie
Qui git en cicatrice du souvenir
Sur ma conscience de ne plus périr

Cette bise m'a pris en sa prise

Du salé d'obligation sucrée d'entre frise
De ce temps qu'abuse
Mon âme à homme de muse
Dont la bise
M'était gain sans mise
Mais juste par amour
En sans guise de ce beau jour.

Scène 11

Mertallin: Ah ! Se taire pour expression de ses sentiments, telle est l'insolence résidant aux cœurs des hypocrites.

Torré: Au tant pour moi, sans vouloir songer, je me dénigre de ce fait d'aimer sans rien dire.

Durgois: A cette cour, ce propos m'est seul infligé, mais cela ne tienne, je n'ai aucun fardeau en mes sentiments, car le truc ce n'est pas de dire la vérité mais c'est plutôt qui voudrait l'entendre !

Trafot: Que seul souffre étant au paravent agressif à la vie te voilà soumis à l'amour, en fait dans la mosaïque de la haine ta perspective était moins pire mais sois de peu volontaire avec ta vue peut être que ce ta tête vise n'est point ton amour.

Acte 2, Scène 1

Scène 1

Trafot: Veuf et veuve naquirent du milieu emprisonné, d'impasse de mille passés en des souvenirs oubliables.

Mertallin: C'est le cercle vicieux.

Trafot: Vicieux cercle, peu importe du moins perçons d'une part pour qu'elle perd son diamètre!

Mertallin: Oui mon cher, mais qui ?

Trafot: Qui ? Quoi? Comment ? D'étant emprisonné comme toi et l'autre, il n'y a que le plus cadavre qui peut y raisonner d'après ma croyance.

Mertallin: Que dit ta tête mon cher ?

Trafot: Elle est bien pleine et assez cuite pour cela.
Ulno: Vulnérable poursuite du presque néant, en direction insensée que le plus durci fainéant en sortit peut y penser !

Mertallin: Parle-la alors.

Ulno: A sa peau peut-être où en son autre du delà transparent, mais comment la voir?

Trafot: Rend le visible en y versant du colorant par amour de ton prochain.

Ulno: Non, le mieux serait d'attendre le moment venu pour en parler en son propre meuble dernier!

Scène 2

Mertallin: Peut-être bien que les murs ont des oreilles mais ne discernent rien en son profond coin de l’absolu.

Bauvine: Parle le au géant sous qui tu somnambules!

Ulno: Donne plutôt de l'encre au prochain qui partira pour qu'il l'aggrave sur la nostalgie du suivant.

Bauvine: Tôt mieux et espérons que ce ne sois pas toi-même !

Mertallin: Mais non, je suis assez fort avec pleine de prudence pour l'instant, je n'ai aucun besoin du repos car la mort est pour les fatigués ceux que la vie abat qui y prennent pour bel itinéraire à briser les cœurs des autres.

Bauvine: Tous de chaire a un sommeil approfondie !

Mertallin: Alors je me nourrirai d'espoir à phrase d'éternité!

Ulno: Rends toi plutôt écrivain mon cher, si tu te souhaites être éternel.

Trafot: De là il ne faut pas divaguer sinon tes

propres phrases de tour seront des refrains de ton requiem.

Scène 3

Ulno: Du plus profond à la tombe, ce n'est donc que la profondeur qui immerge.

Embreta: Pas de tous, mais moi je sais que je partirai!

Lodo: Pauvres vous et moi, on ne vivra que sur les mémoires.

Embreta: Et quand ces mémoires se bruleront à parcours des anges où iront ces précédents?

Ulno: A l'acte des mœurs sureté me suit tombe.

Embreta: Ce triomphant de ce fléau allumeur

des larmes lourdes de fardeau au cœur tranché en larmes aiguisées de pleine affection en de suite par l'instant soudain en ration des aller du futur inquiétant de sans retour est affreux.

Ulno: Eteints toi de ton mur et dévoile le liquide de ton sang.

Bauvine: Qui est-ce première âme d'orée

Pensante a pu penser sur le testament ?

Ulno: Elle fut de chair en état existé, mais je l'ignore.

Scène 4

Trafot: Du défunt parti et à celui qui succèdera, je me sens maudit !

Embreta: Comme le second homme, vu que

le premier en malédiction s'était fait premier.

Trafot: A l'état aveugle, est-ce pour cela a-t-il crée ce second ?

Bauvine: Parfaite conspiration de sa propre muse, jetant la pluie a larmes que succède la tempête de vie.

Trafot: Dites-moi mes tendres vierges pourquoi l'homme ne l'embrase pas ?

Ulno: Très intéressant mais ce fléau est immense que l'homme vu que c'est la conclusion de ses grandes colonnes.

Trafot: Disons plus assez, pourquoi pas qu'un homme l'embrase ?

Mertallin: Il en faudra une femme femelle et non un male car il manque de tendresse pour la raisonnée.

Trafot: De ruse tuante c'est bien en elle que résidu de beauté d'histoire s'est rendu coupable.

Embreta: O quel goujat à verbes qui divaguera en plus que vous mon cher ?

Trafot: Des morts, justement mais de souffrance à peu grâce en mort vive de l'homme.

Bauvine: Mort vive de l'homme?

Durgois: Qui s'éteint en prenant du repos à lointaine longueur plus que sa propre vie.

Scène 5

Durgois: O la mort où se cache-t-il ton aspect que je la raisonne?

Ulno: Détache-toi de ton âme et repose-toi la question !

Durgois: Est-ce affreux ? Dis-moi.

Ulno: Pas vraiment, mais il y a bien une face résidée en pensée que vivant et homme debout font.

Durgois: Du paradis et d'enfer ?

Ulno: C'est ça !

Durgois: Conspiration de loi pour que l'homme de sa sauvagerie soit éduquer.

Ulno: Et de ta droiture male que conçois-tu ?

Durgois: Ma conception est assez déjà morte, car à ses toutes réveilles, elle est coulante tel un fleuve !

Lodo: Du moins ça tombe quelque part ?

Durgois: Aucune idée mais j'apprendrai assez en rhétorique pour convaincre la mort.

Torré: C'est plutôt le mot qui t'apprendra sa devise de mélancolie, l'inertie!

Bauvine: Pauvre papillon qui veut chasser les loups.

Durgois: Je me convins assez en âme déjà, rien de plus.

Torré: Comment?

Durgois: Je chanterai en âme et je danserai debout.

Torré: Tel un livre tu en as assez à dire vraiment !

Durgois: Tu crois ?

Torré: Surtout si tu attrapes la mort!

Scène 6

Durgois: A l'amertume de vivre qui se trinque en moi au déchu amour propre parti en au-delà, c'est au suprême cette faute de sans rature prenant forme.

Embreta: Abois à bas tes propos car à part la mort il y a pire !

Trafot: Il y a l'existence de la femme, nous le savons tous!

Embreta: Non mon cher, ce qui est pire, c'est la vie.

Trafot: Très étonnant.

Embreta: Du partage des sensations au cœur, de l'affection peu importe la durée il s'en récupère toujours.

Durgois: Venant telle une lumière dansante quand je partirai je l'attraperais en mon instinct, je ferai d'elle une impasse pour mes profonds amours, je l'enfermerai dans une cellule
D'où elle se nourrira que d'eau et d'un peu d'espoir que ses propres larmes, sueur et j'en ferai d'elle souffrance à tel point qu'elle oubliera la terre.

Scène 7

Mertallin: Rêve de jouvence du plus profond de moi.

Bauvine : Lequel mon cher ?

Mertallin: Devenir bourgeois pour pouvoir corrompre la mort.

Bauvine: Souviens toi que du vin de la mort tous sommes condamner à y trinquer dans une cage.

Mertallin: Tel l'oiseau ?

Bauvine: Non mon cher mais plutôt telle l'ignorance dans l'instinct d'un noir, car l'oiseau du moins respire.

Embreta: Tournure en solitude d'aucune connaissance de plus, même d'aucun fait inerte
Puis que le temps l'affaiblie.

Durgois: Clair miroir te regardant qu'en penses-tu de son état d'âme ?

Embreta: Juste comme une surface d'eau stagnée qui n'a que pour verdict une visuelle.

Durgois: Regarde encore en fermant les yeux ; En dessus que vois-tu ?

Embreta: Que du noir à moitié foncé !

Durgois: Alors, à quoi te ressembleras-tu, si le silence t'a pris forme ?

Embreta: À ma vive, je n'en ai aucune sucette.

Durgois: C'est juste parce que tu en as sucé assez sans méditer de cette saveur.

Embreta: Bon me semble bon !

Durgois: Ta sagesse est morte de première et

ta manière d'y utiliser n'est que façon de sa décomposition.
Embreta: Tu crois ?

Trafot: C'est visible !

Ulno: Même l'aveugle peut y témoigner en ses sens.

Embreta: Morte en maux, mais de quelle lune ?

Ulno: Dès conception première.

Durgois: Toujours parmi les sept jours de la semaine.

Bauvine: D'où tout s’allume, tout s’éteint, tout vit et tout s'anime.

Durgois: Alors chantes-y du moins de ta

surprise!

Embreta: C'est affreux ces hymnes de la vie tout de même en ce quotidien des jours de la mort à la vie ou inverse qui se manifeste de gloire que dans ces itinéraire.

Mertallin: Quand Dieu en inspirant encore les hommes serait créé le huitième jour les corbillards resteront au pont mort.

Scène 8

Eurtis: Quel que soit la taille de l'homme le long reste base.

Ulno: O, ce vieux en instinct du tout court se faisant rare défunt, pleuvant aucune larme mais très épatant, vu que ça meurt à même hymne que les élargies.

Eurtis: Peu importe l'infini de l'ordonné, on a toute la même abscisse d'où l'origine qui est zéro du centre n'est que terminal central vers où se retournent les cercueils, que larme doit laver à chaque rencontre.

Bauvine: Fragilisée à la morale, ma tête doit prendre garde.

Trafot: Et toi pluie de journée tombant plus de trois doits séchés.

Eurtis: A la tienne !

Trafot: C'est dans la conscience vu que j'ai déjà perdu des poches.

Bauvine: Mince !

Eurtis: Départ subit qui jusqu'ici ne sait que

c'est une suite?

Durgois: Discontinuité en inerte sommeil de l'éternel qui somnambule dans les rêves du plus près criant du toujours en s'y faisant manquer de somme aux oreilles d'hommes.

Scène 9

Veredie:

Altruiste vipère
D'éternité vie
Portant de nos chairs à peur
Que l'obligation Cie

En ses ongles de certes
D'où la larme de chacun rit

Aux subites pertes
De la surgie décrit

De l'au-delà peut-être
D'incertitude dans l'absolu
D'où partit l'ancêtre
Que la vie m'a dû.

Scène 10

Trafot: Tendre femme du rire riant, est-ce un pair de battement ou bien plus une chaire qu'as-tu perdue ?

Veredie: La vie a usé de son issu en moi, me voilà nue sans frère que fardeau du malheur me préserve tous les jours!

Trafot: De vertu propre viens sécher tes larmes sous mes ombres !

Veredie: Merci de tout cœur que l'invisibilité vous soit longtemps au manteau de cette vie.

Bauvine: Pointes souffrances trouant les larmes, à qui ai-je l'honneur ?
Trafot: Une pauvre femme arrosant notre seuil que frère d'elle, s'est couché à la verticale !

Bauvine: O, ma tendre chère, navré que cette vie t'offre cet embarra aussi tôt, prends source!

Eurtis: Avec courage de grandeur.

Scène 11

Eurtis: Malheur !

Mertallin: Prévois à bonté ta grandeur.

Eurtis: Il s'agit bien d'une femme pas d'une dame !

Durgois: Elle la surpassera !

Eurtis: Est-ce que...a-t-elle parlé au défunt après son aube ?

Trafot: Des yeux à l'ouïe elle t'a tout prêté !

Eurtis: O, une fondue en larme, juste par voyance, c'est la vie qui ait prit gage navré madame mais prends courage.

Verdie: Sommes-nous maudits ?

Durgois: Grace à nos erreurs de genèse, jusqu'à ce pied c'est possible.

Eurtis: Une variante de l'histoire est au chacun mais la tombe est pour tous.

Veredie: Je fus une aveugle souriante dans

l'aperçu de cette perspective que vision insolite me comble de présent.

Eurtis: Comme l'image est sage, fais à présent de ta vie ce portrait telle la Joconde qui se frustre d'un sens puis sourit dans l'autre.

Verdie: Comment vaincre cela avec ce fardeau du presque vide?

Eurtis: Fais de tes regrets des remords et le ressort de ton instinct te fera vivre le réconfort!

Veredie: Donc la vitalité de mon affaiblissement n'est qu'une face ?

Eurtis: En quoi que dans l'ivresse les âmes nous accusent !

Veredie: Alors que dois-je faire sous cet ombre que soleil de tes paroles m'éclairent ?

Eurtis: Parle à voix haute devant cette tendresse première que tes jours croisent tous les jours.

Scène 12

Mertallin: Si ce n'est que vie, celle-ci de moi quand je mourrai qu'il me fasse un astre !

Ulno: Et moi une porte faite de la mort.

Mertallin: Est-ce une manière d'être éternel ?

Ulno: Du moins je m'y pose. En attendant la détournée lorsqu'elle aura œil sur la jeunesse s'exerçant au suicide !

Mertallin: Embrassons la mort à pieds

ouverts, qu'il nous donne ces aires, vu qu'au du petit

Adam même le suprême y regrette sous sa barbe!

Scène 13

Durgois: Quel mauvais temps d'ère farfelue que porte ce bas à cheval haut.

Embreta : Profitable du moins !

Durgois: Emprisonné de nos vies perdues vers les essences d'où l'œil s'est longtemps tourné vers la circulaire inquiétude surprenante.

Embreta: Profites-en car les sages partis l'en ont fixé telles les édifices.

Durgois:

O, moi je m'en parle et je me tais
Je m'expulse en soi
En cherchant la manière de demeurer

O, moi je m'en veux pour cette taie
Dont je m'en excuse en moi
En perçant du tout instant avoué.

Scène 14

Bauvine: O, les pauvres défunts devenant riches en taux d'inertie.

Durgois: En endurcissant leurs deuils !

Bauvine: Ça reste au même à la même !

Durgois: Oui comme l'autre !

Bauvine: Vivant vers les essences quand leurs âmes vielleront j'imagine !

Durgois: Dis donc ma chère que deviennent les âmes après avoir vieillies ?

Bauvine: Une âme après la vieillesse en au-delà se tait.

Durgois: Je n'en crois pas ma peau !

Bauvine: Il faudra y croire car même ta peau n'y sera pas témoin !

Embreta: C'est bien le quotidien qui voit de plus proche à l'œil futur de rétine en sang.

Durgois: Ceci n'est qu'un témoignage avenu.

Bauvine: Bien sûr mes chéris, mais sous cet ombre glacé l'inertie ne se sert qu'à soi.

Durgois: Et l’âme alors ?

Veredie: O, quelle heureuse famille parlant que de la mort comme si elle est morte !

Eurtis: A part tes larmes, Veredie la mort est un sujet pour tous !

Veredie: A mon entendement ceux qui y parlent ne sont qu’à trois !

Embreta:
Bien sûr ma chère, le concept de la mort n’a que trois acteurs principales !
Le sujet qui meurt, la larme du prochain et l'œil du monde.
Veredie: Je ne suis pas une lune, j’en ai aussi perdu moi !

Eurtis: D’où tu es une larme du prochain !

Veredie: Une souche de nuage plutôt !

Eurtis: Crois-moi ma chère même les souches de nuage portent des larmes.

Veredie:
A bien ce propos du fardeau
Insolite à mes grés
Est ouvert à mon ruisseau
Au profond des prés

Pour prêt
Hors son ambulance du remord
Que l'extinction d'intérêt
A prit du gage à tort.

Embreta: Croire en elle que la même est elle-même un tort.

Veredie: Assez perdue je m'abandonne en

pensée vers les essences telle une âme.
Embreta: Et où t'abandonnes-tu en ta raison ?

Veredie: Telle la nuit sombre je m'abandonne au planché.

Embreta: Nourris-toi du courage que tu ais à bras le chagrin et en haut la confiance.

Bauvine:
Espérance ou plus encore courage, ceci est mieux entendu qu'à un nouveau née du moins ce dernier l'oubliera de peu aussitôt .Ou bien essais plutôt de renaitre dans ta peau pour que ton instinct ait cet ère de nouvelle.

Scène 15

Durgois: Beau regret d'être vivant est une

autre façon d'être moi.

Trafot: C'est la finition de l'être car j'en ai assez contemplé !

Bauvine: Aussi dramatique la mort ne resterait qu'un repos misérable .Parlons aux d'ornés, comme leurs âmes qui resteront figer vers les essences, connu de leurs chaires qui mourront
De poussière, je crois en leur immortalité
Comique tel nous les humanoïdes à papier.

Acte 3, Scène 1

Scène 1

Torré: A chaque fois que je pense Dieu, il sourit est-ce de ma poche qu'il s'y usage ou bien de mon futur aspect de bourgeois ?

Durgois: C'est sûr de ta poche, pensez y être moins provocateur car si la richesse ne vous sourit pas c'est parce qu'elle a des dents jaunes !

Torré: Je serai riche.

Lodo: Au bois peut-être car dans le cercueil c'est à tous d'y toucher.

Torré: Je serai riche plutôt d'argent et en or.

Durgois: Cet homme est intéressant, mais comment sans une source de sueur ?

Lodo: Si ce n'était qu'n vendant tes rêves que tu deviendras riche comme l'a fait l'autre, j'ai forte foi car de cette religion je suis sainte!

Torré: Je briserai de moi aux antivaleurs et de bien mal acquis j'acquerrai des richesses.

Durgois: Cela est un mal abandonné aux hommes de cents mots, si je m'en tirai bien !

Scène 2

Mertallin:
Aussi plants sont nos fonds
Aussi mûre est notre misère
Que cœur en ses profonds
Bat au fil du sans ère

Aussi chaude est ton envie
Aussi froide que ta patience
En espoir en sans vie
Menant en de faïence

Aussi avare que la pauvreté
Comblée du vide en manque
A besoin semple de vanité

Ponctuelle qui se trinque

A aussi longtemps espace
Entre l'œil et le commère
Frustrés du peu que trace
La trajectoire d'éphémère.

Scène 3

Bauvine: Bienveillant peut-être mais reste aussi pauvre que jamais, telle une géomètre à balais en voulant notre conteur à l'encre, pauvre lui de grande richesse de lumière appartenant dans ce bas mais d'étant pas dans ce monde, que celui du passé à venir le porte secours, car de son brillant il y'aura richesse et forte existence de notre mon imaginaire.

Acte 4, Scène 1

Scène 1

Trafot: On m'ouvrait le ciel au paravent mais d'ici même l'ombre m'est défendu.

Bauvine: On me fermait la nuit mais jusqu'ici les étoiles promises me sont fabuleuses.

Durgois: Quelle façon odieuse qu'avez-vous pour exprimer l'égalité souveraine des sexes.

Trafot: J'en jure mon cher cette grandeur d'âme d'étant ma femme ne joue plus à la dame.

Bauvine: La galanterie et soumission chez une femme ne sont que pour une seule raison.

(Durgois regarde le haut)

Trafot: Que faites-vous cher confrère est-ce manière de défendre la patrie male, en regardant le ciel ?

Durgois: Non mon cher, je me fige juste devant ces grands efforts faisait elle à vous ouvrir cet
Haut du ciel.

Trafot: Ce n’est que phase parlant d’autre. Voyant !

Durgois: Je le sens galanterie sur l’égalité !

Lodo: Femme gagne car elle est fragile !

Trafot: Pauvre diable fait ici tant des miracles à supporter l’humanité des femmes, avec ces exigences au cours du temps il perdra à la fin son silence.

Scène 2

Trafot:
Perfection Dieu toi qui brule
Amour cieux toi qui hurle
Est-ce la plus en idéologie d'Eve
A estimer plus attendre à la trêve

Lodo:
Raisonne, que ta voix
Parle plus que le temps
Et le temps te répondra en loi
Que la nature tourne depuis longtemps

Prends-y compte en tout fait
Que cette malédiction rougie
Est l'éternelle prévue d'effet
De la pensée à la nostalgie.

Scène 3

Mertallin: Un verre d'eau à la fraiche

hôtesse d'aussi brève que la vue d'une étoile, cela m'en faut.

Lodo: Trouve toi une source de vision torride car ma vue est lointaine par rapport à tes grâces!

Trafot: L'homme dans l'Adam naquit d'au premier à suite de femme.

Mertallin: Et voilà !

Trafot: Cela est grand possible que son eau fraiche comme désirée soit servie.

Lodo: L'homme à la source ne s'est pendu que pour son bien, juste un peu d'effort à comprendre nos malheurs de femme d'où que fardeaux de la vie se reposent!
Trafot: Pleines vies ou autre, notre supériorité est au sans vaincu, pousse de peu

ton vivant !

Mertallin: Le poisson te sera haut, jeune femme et le crapaud te rapprochera.

(Bauvine intervient)

Bauvine: Grand vertu qui se mesure, peu de femme l'ignore mais les hommes si, car deux d'eux en valent une qui est ma tendre voisine.

Trafot: Rien ne change du tout !

Bauvine: A en croire ma vue, si !

Mertallin: Même en tes calculs d'égalités à l'infériorité la réalité t'a faussé richesse.

Scène 4

Lodo: Drôle de misère qui s'offre à la vie !

Bauvine: Pathétique !

Embreta: Amer à voir !
Lodo : Je m'abandonne hors cela de tout cœur !

Ulno: Homme c'est vertu, femme c'est vice.

Bauvine: Cela n'est que cohérence dysfonctionnée qui se joue d'envers.

Embreta: Je me dénigre de peu car l'homme c'est l'homme !

Lodo: J'y penserai de peu mais ne mangeons point nos propres sens.

Bauvine: A en boire je ne suce rien.

Lodo: Souffrance est au féminin donc l'exercice est pour hommes.

Embreta: Tout comme pardon faisons y usage.

Lodo: Femme est tout ce reste d'orée dans ce monde après qu'on oublie ce que c'est que de l'argent, fortifions nos instincts d'tant d'être.

Durgois: Après que cela soit fortifié informe-moi de tes pleurs si ceci se peut sans une larme.

Scène 5

Lodo: En mon enfance j'usai de cela !

Embreta: En mon cœur du présent j'y use toujours.

Lodo: Femelle fictive cela est notre itinéraire !

Embreta: Disant de ton enfance à cœur bras d'envie longue tu en as assez sucé grande grâce à cet œil d'inferieur que ton ascendant avait porté sur tes lois !

Bauvine: A brave galanterie, l'enfant est innocent, c'est le bien voulu qui chante.

Embreta: Parents d'amour bien ou mal n'est que dieu de la nature de l'enfant, en quoi tempête de délinquance ravage cet amour d'étant bien ou mal !

Torré: A tort du ton, l'homme est exposé, de notre farce cherchant l'égalité mais confondant de trajectoire du passé au temps présent, ma question se pose si de votre guise êtes-vous

Conscientes ?

Bauvine : A en avare entendre de notre soif d’égalité, en notre propre argumentation nous avons au regard une dialectique en sans thèse, ne rêvons plus de notre femme. Nous ne sommes que dérivées et les mères qui ne sont à affranchir.

Scène 6

Durgois: Petit siècle écourté que ces vieux du ciel et vieillard font ciel.

Mertallin: A ma langue s’il vous plait cher confrère.

Durgois:
De genèse devenant maudite
Par le temps de sans temps
De réflexion allergique dite

Par le hasard du longtemps

Rustique d'égard en bras
Féminin de large
Pensant en deux barres basses
D'une sud prenante guerre de charge

Descente par voix
S'exclame-t-elle
En malédiction promises de trois
D'où de leur dentelle

A femme sifflée de Dieu
Une fausse âme de plus
Un espoir mort d'odieux
Fables à patte d'hommes en cosinus.

Torré:
De genèse maudite devenant utile
Par espoir quotidien
De vaincre en deuil

Parure frustrée par lien

Humain de grande lettre
À la minuscule de prunelle
Apparence en un être
Mâle vivant mal sans mamelle

Naturelle à gage grand
Gamètes fournies par odeur de la vie
Mais sans mamelle qui grande
En plus pauvre que la diable survie.

Prierai-je encore d'égalité ?
Où de galanterie moins réciproque
Loin de ma vanité
De mon humanité en cette droite plate de sans époque.

Mertallin: Sans époque cher voisin ? Jouis-y en parlant, mais parle moins fort en essayant d'en dire de manière sensée !

Acte 5 Scène 1

Scène 1

Mertallin: Bas adorable, tous y use tous y fait de nausée en des résidus premiers, quel malheur !

Lodo: Quel malheur.

Mertallin: C'est affreux ma chère.

Lodo: En quoi est-ce cela ?

Mertallin: L'homme du grand H qui périt la terre en ces pollutions...

Durgois: Et y demande à sa couchée que la terre la soit légère !

Mertallin: J'en critique en tout cœur cette

pellicule en quoi cela est un bienfait !

Torré: Moyen proche de s'en libérer des résidus en fumée, même en y lançant vers Dieu.

Durgois: Beau parler bêtement réfléchis, n'ais
Pas cet attitude de trop femme mais devient humain.

Lodo: La mort est une éducation, car ce n'est qu'après avoir été enterrer que nous affirmons le fruit de cette éducation.

Trafot: De pleine vie, je pense que ta rhétorique est a à philosopher.

Lodo: Ah bon !

Trafot: Bien mal, l'éducation de la mort a

bon acte, ce sourire qui danse sur les lèvres des cadavres et de l'âme.

Lodo: Qui l'a vu ?

Trafot: Le néant de plus. Alors Souriez moins de votre existence quand l'inconscient de vôtres peaux sera affranchi après votre dernier héritage vos sens du tombé feront part.

Scène 2

Trafot: Comme l'importance de basse terre par rapport au ciel, du bien au mal, de la pauvreté à la richesse…

Bauvine: Et de nous alors, c'est bien un délit que ces jeunes femmes soient dans le camera-obscura de cohérence mais apaise-toi de tranquillité, car la terre tournera autour d'elles.

Trafot: Mort à vivre brule la terre d'où ces éphémères dorment, en pensant à ce qu'elles diront du ciel.

Durgois: Qu'un espace d'étendu vide !

Trafot: Et de leurs maux en acquisition grossière au sujet terre ?

Durgois: Demandons-y au temps car de cette phrase à venir ma langue est pauvre.

Bauvine: Figeons nous juste de nos âmes et non à nos états. En état d'âme d'où l'ignorance est tout ce qui se condamne en nous avant la paresse de reconnaitre que la terre de sa fragilité

Est sensible au tant que ciel, qui du peroxyde nous offre que du dioxyde.

Scène 3

Durgois: A base d'où la mort fond en des pollutions du sachet , des gaz exotiques que l'existence jusqu'ici ignore , en coloration faite des nuages de différentes races à fort dire de penser que le cumulus est causé par l'homme.

Mertallin: A cause de son non connaissance d'un lendemain.

Trafot: Que ce lendemain soit dite journée Jupe.

Lodo: L'habit de velours qui te fait couverture y'est fruit de ce délit que vos propositions vous injurient !

Trafot: Prenant de crouté cela est à la censure.

Embreta: A mes oreilles cultivées par votre savoir, en s’accusant d’étant tous coupable de l’amour à la haine, de la mort à la vie, du bien au mal, de la pauvreté à la richesse, en ce bas d’où même ciel est malédiction.

Biographie

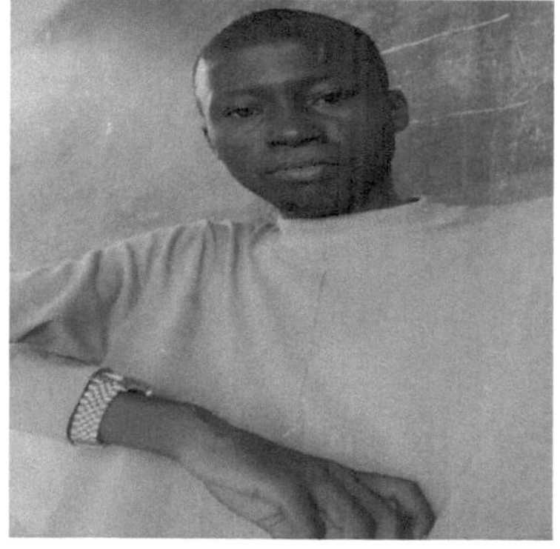

Dit **Mapela Brimandi Mesange Cargel** né le **30 Avril 2000** au Congo Brazzaville dans le département de la Bouenza ; Précisément à N'kayi. Etudiant en Licence. De base poète après découverte de sa passion lors de lecture des poèmes aux **printemps des poètes** 2017 à pointe noire en quoi qu'il eut rencontre avec l'international poète Congolais **Gabriel Okoundji** ; Il s'ouvre vers l'horizon de l'art dramatique à l'état dramaturge sur quoi de l'écriture de son temps, Il s'y ramifie en des pièces de théâtres.

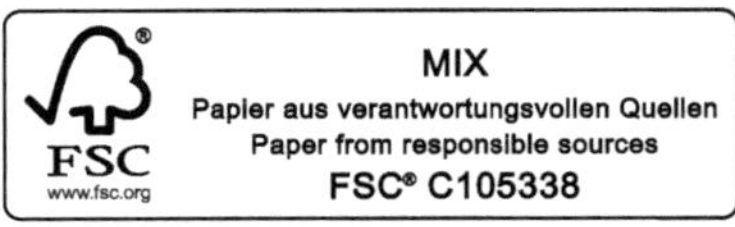

Printed by Books on Demand GmbH, Norderstedt / Germany